TRANZLATY

Sprache ist für alle da

Kieli kuuluu kaikille

Die Schöne und das Biest

Kaunotar ja hirviö

Gabrielle-Suzanne Barbot de Villeneuve

Deutsch / Suomi

Copyright © 2025 Tranzlaty
All rights reserved
Published by Tranzlaty
ISBN: 978-1-80572-008-9
Original text by Gabrielle-Suzanne Barbot de Villeneuve
La Belle et la Bête
First published in French in 1740
Taken from The Blue Fairy Book (Andrew Lang)
Illustration by Walter Crane
www.tranzlaty.com

Es war einmal ein reicher Kaufmann
Olipa kerran rikas kauppias
dieser reiche Kaufmann hatte sechs Kinder
tällä rikkaalla kauppiaalla oli kuusi lasta
Er hatte drei Söhne und drei Töchter
hänellä oli kolme poikaa ja kolme tytärtä
Er hat keine Kosten für ihre Ausbildung gescheut
hän ei säästänyt kustannuksia heidän koulutuksestaan
weil er ein vernünftiger Mann war
koska hän oli järkevä mies
aber er gab seinen Kindern viele Diener
mutta hän antoi lapsilleen paljon palvelijoita
seine Töchter waren überaus hübsch
hänen tyttärensä olivat erittäin kauniita
und seine jüngste Tochter war besonders hübsch
ja hänen nuorin tyttärensä oli erityisen kaunis
Schon als Kind wurde ihre Schönheit bewundert
Hänen kauneuttaan ihailtiin jo lapsena
und die Leute nannten sie nach ihrer Schönheit
ja ihmiset kutsuivat häntä hänen kauneutensa vuoksi
Ihre Schönheit verblasste nicht, als sie älter wurde
hänen kauneutensa ei haihtunut vanhetessaan
Deshalb nannten die Leute sie weiterhin wegen ihrer Schönheit
joten ihmiset kutsuivat häntä kauneutensa takia
das machte ihre Schwestern sehr eifersüchtig
tämä sai hänen sisarensa hyvin mustasukkaiseksi
Die beiden ältesten Töchter waren sehr stolz
kahdella vanhimmalla tyttärellä oli paljon ylpeyttä
Ihr Reichtum war die Quelle ihres Stolzes
heidän rikkautensa oli heidän ylpeytensä lähde
und sie verbargen ihren Stolz nicht
eivätkä he myöskään piilottaneet ylpeyttään
Sie besuchten nicht die Töchter anderer Kaufleute
he eivät käyneet muiden kauppiaiden tyttärien luona
weil sie nur mit Aristokraten zusammentreffen

koska he kohtaavat vain aristokratian
Sie gingen jeden Tag zu Partys
he menivät joka päivä juhliin
Bälle, Theaterstücke, Konzerte usw.
pallot, näytelmät, konsertit ja niin edelleen
und sie lachten über ihre jüngste Schwester
ja he nauroivat nuorimmalle siskolleen
weil sie die meiste Zeit mit Lesen verbrachte
koska hän vietti suurimman osan ajastaan lukemiseen
Es war allgemein bekannt, dass sie reich waren
tiedettiin hyvin, että he olivat varakkaita
so hielten mehrere bedeutende Kaufleute um ihre Hand an
joten useat merkittävät kauppiaat pyysivät heidän kättään
aber sie sagten, sie würden nicht heiraten
mutta he sanoivat, etteivät aio mennä naimisiin
aber sie waren bereit, einige Ausnahmen zu machen
mutta he olivat valmiita tekemään joitain poikkeuksia
„Vielleicht könnte ich einen Herzog heiraten"
"ehkä voisin mennä naimisiin herttuan kanssa"
„Ich schätze, ich könnte einen Grafen heiraten"
"Luulen, että voisin mennä naimisiin Earlin kanssa"
Schönheit dankte sehr höflich denen, die ihr einen Antrag gemacht hatten
kaunotar kiitti hyvin sivistyneesti häntä kosineita
Sie sagte ihnen, sie sei noch zu jung zum Heiraten
hän kertoi heille olevansa vielä liian nuori mennäkseen naimisiin
Sie wollte noch ein paar Jahre bei ihrem Vater bleiben
hän halusi olla vielä muutaman vuoden isänsä luona
Auf einmal verlor der Kaufmann sein Vermögen
Yhtäkkiä kauppias menetti omaisuutensa
er verlor alles außer einem kleinen Landhaus
hän menetti kaiken paitsi pienen maalaistalon
und er sagte seinen Kindern mit Tränen in den Augen:
ja hän sanoi lapsilleen kyyneleet silmissään:
„Wir müssen aufs Land gehen"

"Meidän täytyy mennä maaseudulle"
„und wir müssen für unseren Lebensunterhalt arbeiten"
"ja meidän on tehtävä työtä elantomme eteen"
die beiden ältesten Töchter wollten die Stadt nicht verlassen
kaksi vanhinta tytärtä eivät halunneet lähteä kaupungista
Sie hatten mehrere Liebhaber in der Stadt
heillä oli kaupungissa useita rakastajia
und sie waren sicher, dass einer ihrer Liebhaber sie heiraten würde
ja he olivat varmoja, että joku heidän rakastajistaan menisi heidän kanssaan naimisiin
Sie dachten, ihre Liebhaber würden sie heiraten, auch wenn sie kein Vermögen hätten
he luulivat, että heidän rakastajansa menivät heidän kanssaan naimisiin ilman omaisuutta
aber die guten Damen haben sich geirrt
mutta hyvät naiset erehtyivät
Ihre Liebhaber verließen sie sehr schnell
heidän rakastajansa hylkäsivät heidät hyvin nopeasti
weil sie kein Vermögen mehr hatten
koska heillä ei ollut enää omaisuutta
das zeigte, dass sie nicht wirklich beliebt waren
tämä osoitti, että he eivät olleet kovin pidettyjä
alle sagten, sie verdienen kein Mitleid
kaikki sanoivat, että he eivät ansaitse tulla sääliksi
„Wir sind froh, dass ihr Stolz gedemütigt wurde"
"Olemme iloisia nähdessämme heidän ylpeytensä nöyrtyvän"
„Lasst sie stolz darauf sein, Kühe zu melken"
"olkoot ylpeitä lypsävistä lehmistä"
aber sie waren um Schönheit besorgt
mutta he olivat huolissaan kauneudesta
sie war so ein süßes Geschöpf
hän oli niin suloinen olento
Sie sprach so freundlich zu armen Leuten
hän puhui niin ystävällisesti köyhille
und sie war von solch unschuldiger Natur

ja hän oli niin viaton luonne
Mehrere Herren hätten sie geheiratet
Useat herrat olisivat menneet naimisiin hänen kanssaan
Sie hätten sie geheiratet, obwohl sie arm war
he olisivat menneet naimisiin hänen kanssaan, vaikka hän oli köyhä
aber sie sagte ihnen, sie könne sie nicht heiraten
mutta hän sanoi heille, ettei hän voisi mennä naimisiin heidän kanssaan
weil sie ihren Vater nicht verlassen wollte
koska hän ei jättäisi isäänsä
sie war entschlossen, mit ihm aufs Land zu fahren
hän oli päättänyt lähteä hänen kanssaan maaseudulle
damit sie ihn trösten und ihm helfen konnte
jotta hän voisi lohduttaa ja auttaa häntä
Die arme Schönheit war zunächst sehr betrübt
Huono kauneus oli aluksi hyvin surullinen
sie war betrübt über den Verlust ihres Vermögens
hän oli surullinen omaisuutensa menetyksestä
„Aber Weinen wird mein Schicksal nicht ändern"
"mutta itkeminen ei muuta onneani"
„Ich muss versuchen, ohne Reichtum glücklich zu sein"
"Minun täytyy yrittää tehdä itseni onnelliseksi ilman varallisuutta"
Sie kamen zu ihrem Landhaus
he tulivat maalaistalolleen
und der Kaufmann und seine drei Söhne widmeten sich der Landwirtschaft
ja kauppias ja hänen kolme poikaansa ryhtyivät karjanhoitoon
Schönheit stand um vier Uhr morgens auf
kauneus nousi neljältä aamulla
und sie beeilte sich, das Haus zu putzen
ja hän kiirehti siivoamaan taloa
und sie sorgte dafür, dass das Abendessen fertig war
ja hän varmisti, että illallinen oli valmis
ihr neues Leben fiel ihr zunächst sehr schwer

alussa hän koki uuden elämänsä erittäin vaikeaksi
weil sie diese Arbeit nicht gewohnt war
koska hän ei ollut tottunut sellaiseen työhön
aber in weniger als zwei Monaten wurde sie stärker
mutta alle kahdessa kuukaudessa hän vahvistui
und sie war gesünder als je zuvor
ja hän oli terveempi kuin koskaan ennen
nachdem sie ihre arbeit erledigt hatte, las sie
kun hän oli tehnyt työnsä, hän luki
sie spielte Cembalo
hän soitti cembaloa
oder sie sang, während sie Seide spann
tai hän lauloi samalla kun hän kehräsi silkkiä
im Gegenteil, ihre beiden Schwestern wussten nicht, wie sie ihre Zeit verbringen sollten
päinvastoin, hänen kaksi sisartaan eivät tienneet kuinka viettää aikaansa
Sie standen um zehn auf und taten den ganzen Tag nichts anderes als herumzufaulenzen
he nousivat kymmeneltä eivätkä tehneet muuta kuin laiskotellen koko päivän
Sie beklagten den Verlust ihrer schönen Kleider
he valittivat hienojen vaatteensa menetystä
und sie beklagten sich über den Verlust ihrer Bekannten
ja he valittivat tuttaviensa menettämisestä
„Schau dir unsere jüngste Schwester an", sagten sie zueinander
"Katsokaa meidän nuorinta siskoamme", he sanoivat toisilleen
„Was für ein armes und dummes Geschöpf sie ist"
"mikä köyhä ja tyhmä olento hän on"
„Es ist gemein, mit so wenig zufrieden zu sein"
"on ikävää olla tyytyväinen niin vähään"
der freundliche Kaufmann war ganz anderer Meinung
ystävällinen kauppias oli aivan eri mieltä
er wusste sehr wohl, dass Schönheit ihre Schwestern übertraf

hän tiesi erittäin hyvin, että kauneus loisti hänen sisarensa
Sie übertraf sie sowohl charakterlich als auch geistig
hän ylitti heidät luonteeltaan ja mieleltään
er bewunderte ihre Bescheidenheit und ihre harte Arbeit
hän ihaili hänen nöyryyttään ja kovaa työtä
aber am meisten bewunderte er ihre Geduld
mutta ennen kaikkea hän ihaili hänen kärsivällisyyttään
Ihre Schwestern überließen ihr die ganze Arbeit
hänen sisarensa jättivät hänelle kaiken työn
und sie beleidigten sie ständig
ja he loukkasivat häntä joka hetki
Die Familie hatte etwa ein Jahr lang so gelebt
Perhe oli elänyt tällä tavalla noin vuoden
dann bekam der Kaufmann einen Brief von einem Buchhalter
sitten kauppias sai kirjeen kirjanpitäjältä
er hatte in ein Schiff investiert
hänellä oli sijoitus laivaan
und das Schiff war sicher angekommen
ja laiva oli turvallisesti perillä
diese Nachricht ließ die beiden ältesten Töchter staunen
t hänen uutisensa käänsivät kahden vanhimman tyttären päät
Sie hatten sofort die Hoffnung, in die Stadt zurückzukehren
heillä oli heti toivo palata kaupunkiin
weil sie des Landlebens überdrüssig waren
koska he olivat melko väsyneitä maalaiselämään
Sie gingen zu ihrem Vater, als er ging
he menivät isänsä luo, kun tämä oli lähdössä
Sie baten ihn, ihnen neue Kleider zu kaufen
he pyysivät häntä ostamaan heille uusia vaatteita
Kleider, Bänder und allerlei Kleinigkeiten
mekkoja, nauhoja ja kaikenlaisia pikkuasioita
aber die Schönheit verlangte nichts
mutta kauneus ei pyytänyt mitään
weil sie dachte, das Geld würde nicht reichen
koska hän ajatteli, että rahat eivät riittäisi

es würde nicht reichen, um alles zu kaufen, was ihre Schwestern wollten
ei riittäisi ostamaan kaikkea, mitä hänen sisarensa halusivat
„Was möchtest du, Schönheit?", fragte ihr Vater
"Mitä sinä haluaisit, kaunotar?" kysyi isänsä
"Danke, Vater, dass du so nett bist, an mich zu denken", sagte sie
"Kiitos, isä, että ajattelit minua", hän sanoi
„Vater, sei so freundlich und bring mir eine Rose mit"
"Isä, ole niin ystävällinen ja tuo minulle ruusu"
„weil hier im Garten keine Rosen wachsen"
"koska ruusuja ei kasva täällä puutarhassa"
„und Rosen sind eine Art Rarität"
"ja ruusut ovat eräänlainen harvinaisuus"
Schönheit mochte Rosen nicht wirklich
kauneus ei todellakaan välittänyt ruusuista
sie bat nur um etwas, um ihre Schwestern nicht zu verurteilen
hän vain pyysi jotain, jotta hän ei tuomitsisi sisaruksiaan
aber ihre Schwestern dachten, sie hätte aus anderen Gründen nach Rosen gefragt
mutta hänen sisarensa luulivat, että hän pyysi ruusuja muista syistä
„Sie hat es nur getan, um besonders auszusehen"
"hän teki sen vain näyttääkseen erityiseltä"
Der freundliche Mann machte sich auf die Reise
Ystävällinen mies lähti matkaansa
aber als er ankam, stritten sie über die Ware
mutta kun hän saapui, he riitelivät tavarasta
und nach viel Ärger kam er genauso arm zurück wie zuvor
ja monen vaivan jälkeen hän palasi takaisin yhtä köyhänä kuin ennenkin
er war nur ein paar Stunden von seinem eigenen Haus entfernt
hän oli muutaman tunnin päässä omasta talostaan
und er stellte sich schon die Freude vor, seine Kinder zu

sehen
ja hän kuvitteli jo lastensa näkemisen ilon
aber als er durch den Wald ging, verirrte er sich
mutta metsän halki kulkiessaan hän eksyi
es hat furchtbar geregnet und geschneit
satoi ja satoi kauheasti
der Wind war so stark, dass er ihn vom Pferd warf
tuuli oli niin kova, että se heitti hänet hevosestaan
und die Nacht kam schnell
ja yö tuli nopeasti
er begann zu glauben, er müsse verhungern
hän alkoi ajatella, että hän näkisi nälkään
und er dachte, er könnte erfrieren
ja hän ajatteli, että hän voisi jäätyä kuoliaaksi
und er dachte, Wölfe könnten ihn fressen
ja hän ajatteli, että sudet voivat syödä hänet
die Wölfe, die er um sich herum heulen hörte
sudet, jotka hän kuuli ulvovan ympärillään
aber plötzlich sah er ein Licht
mutta yhtäkkiä hän näki valon
er sah das Licht in der Ferne durch die Bäume
hän näki valon kaukaa puiden läpi
als er näher kam, sah er, dass das Licht ein Palast war
kun hän tuli lähemmäksi, hän näki valon olevan palatsi
der Palast war von oben bis unten beleuchtet
palatsi oli valaistu ylhäältä alas
Der Kaufmann dankte Gott für sein Glück
kauppias kiitti Jumalaa onnesta
und er eilte zum Palast
ja hän kiirehti palatsiin
aber er war überrascht, keine Leute im Palast zu sehen
mutta hän oli yllättynyt, kun hän ei nähnyt ihmisiä palatsissa
der Hof war völlig leer
piha oli täysin tyhjä
und nirgendwo ein Lebenszeichen
eikä elon merkkiä näkynyt missään

sein Pferd folgte ihm in den Palast
hänen hevosensa seurasi häntä palatsiin
und dann fand sein Pferd großen Stall
ja sitten hänen hevosensa löysi suuren tallin
das arme Tier war fast verhungert
köyhä eläin oli melkein nälkäinen
also ging sein Pferd hinein, um Heu und Hafer zu finden
niin hänen hevosensa meni etsimään heinää ja kauraa
zum Glück fand er reichlich zu essen
onneksi hän löysi runsaasti syötävää
und der Kaufmann band sein Pferd an die Krippe
ja kauppias sitoi hevosensa seimeen
Als er zum Haus ging, sah er niemanden
kävellessään kohti taloa hän ei nähnyt ketään
aber in einer großen Halle fand er ein gutes Feuer
mutta suuresta salista hän löysi hyvän tulen
und er fand einen Tisch für eine Person gedeckt
ja hän löysi yhdelle katetun pöydän
er war nass vom Regen und Schnee
hän oli märkä sateesta ja lumesta
Also ging er zum Feuer, um sich abzutrocknen
niin hän meni lähelle tulta kuivaamaan
„Ich hoffe, der Hausherr entschuldigt mich"
"Toivon, että talon isäntä antaa minulle anteeksi"
„Ich schätze, es wird nicht lange dauern, bis jemand auftaucht."
"Ei kestä kauan, että joku ilmestyy"
Er wartete eine beträchtliche Zeit
Hän odotti pitkään
er wartete, bis es elf schlug, und noch immer kam niemand
hän odotti, kunnes kello osui yksitoista, eikä kukaan tullut vieläkään
Schließlich war er so hungrig, dass er nicht länger warten konnte
vihdoin hän oli niin nälkäinen, ettei hän voinut odottaa enää
er nahm ein Hühnchen und aß es in zwei Bissen

hän otti kanaa ja söi sen kahdessa suupalassa
er zitterte beim Essen
hän vapisi syödessään ruokaa
danach trank er ein paar Gläser Wein
tämän jälkeen hän joi muutaman lasin viiniä
Er wurde mutiger und verließ den Saal
rohkaistuessaan hän lähti salista
und er durchquerte mehrere große Hallen
ja hän kulki useiden suurien hallien läpi
Er ging durch den Palast, bis er in eine Kammer kam
hän käveli palatsin läpi, kunnes tuli kammioon
eine Kammer, in der sich ein überaus gutes Bett befand
kammio, jossa oli erittäin hyvä sänky
er war von der Tortur sehr erschöpft
hän oli hyvin väsynyt koettelemuksestaan
und es war schon nach Mitternacht
ja kello oli jo yli puolenyön
also beschloss er, dass es das Beste sei, die Tür zu schließen
joten hän päätti, että oli parasta sulkea ovi
und er beschloss, dass er zu Bett gehen sollte
ja hän päätti, että hänen pitäisi mennä nukkumaan
Es war zehn Uhr morgens, als der Kaufmann aufwachte
Kello oli kymmenen aamulla, kun kauppias heräsi
gerade als er aufstehen wollte, sah er etwas
juuri kun hän aikoi nousta, hän näki jotain
er war erstaunt, saubere Kleidung zu sehen
hän hämmästyi nähdessään puhtaan vaatesarjan
**an der Stelle, wo er seine schmutzigen Kleider
zurückgelassen hatte**
paikkaan, johon hän oli jättänyt likaiset vaatteensa
"Mit Sicherheit gehört dieser Palast einer netten Fee"
"Tämä palatsi kuuluu varmasti jollekin keijulle"
„eine Fee, die mich gesehen und bemitleidet hat"
" keiju , joka on nähnyt ja säälinyt minut"
er sah durch ein Fenster
hän katsoi ikkunasta

aber statt Schnee sah er den herrlichsten Garten
mutta lumen sijasta hän näki mitä ihanamman puutarhan
und im Garten waren die schönsten Rosen
ja puutarhassa oli kauneimpia ruusuja
dann kehrte er in die große Halle zurück
sitten hän palasi suureen saliin
der Saal, in dem er am Abend zuvor Suppe gegessen hatte
sali, jossa hän oli syönyt keittoa edellisenä iltana
und er fand etwas Schokolade auf einem kleinen Tisch
ja hän löysi suklaata pieneltä pöydältä
„Danke, liebe Frau Fee", sagte er laut
"Kiitos, hyvä rouva Fairy", hän sanoi ääneen
„Danke für Ihre Fürsorge"
"Kiitos että olet niin välittävä"
„Ich bin Ihnen für all Ihre Gefälligkeiten äußerst dankbar"
"Olen erittäin kiitollinen sinulle kaikista palveluksistasi"
Der freundliche Mann trank seine Schokolade
kiltti mies joi suklaansa
und dann ging er sein Pferd suchen
ja sitten hän meni etsimään hevosta
aber im Garten erinnerte er sich an die Bitte der Schönheit
mutta puutarhassa hän muisti kauneuden pyynnön
und er schnitt einen Rosenzweig ab
ja hän katkaisi ruusuista oksan
sofort hörte er ein lautes Geräusch
heti hän kuuli suuren äänen
und er sah ein furchtbar furchtbares Tier
ja hän näki hirveän pelottavan pedon
er war so erschrocken, dass er kurz davor war, ohnmächtig zu werden
hän oli niin peloissaan, että oli valmis pyörtymään
„Du bist sehr undankbar", sagte das Tier zu ihm
"Olet hyvin kiittämätön", sanoi peto hänelle
und das Tier sprach mit schrecklicher Stimme
ja peto puhui kauhealla äänellä
„Ich habe dein Leben gerettet, indem ich dich in mein

Schloss gelassen habe"
"Olen pelastanut henkesi päästämällä sinut linnaani"
"und dafür stiehlst du mir im Gegenzug meine Rosen?"
"ja tästä varastat ruusuni vastineeksi?"
„Die Rosen sind für mich mehr wert als alles andere"
"Ruusut, joita arvostan yli kaiken"
„Aber du wirst für das, was du getan hast, sterben"
"mutta sinun on kuoltava sen tähden, mitä olet tehnyt"
„Ich gebe Ihnen nur eine Viertelstunde, um sich vorzubereiten"
"Annan sinulle vain neljännestuntia valmistautua"
„Bereiten Sie sich auf den Tod vor und sprechen Sie Ihre Gebete"
"Valmistaudu kuolemaan ja rukoile"
der Kaufmann fiel auf die Knie
kauppias lankesi polvilleen
und er hob beide Hände
ja hän kohotti molemmat kätensä
„Mein Herr, ich flehe Sie an, mir zu vergeben"
"Herrani, pyydän teitä antamaan minulle anteeksi"
„Ich hatte nicht die Absicht, Sie zu beleidigen"
"Minulla ei ollut aikomusta loukata sinua"
„Ich habe für eine meiner Töchter eine Rose gepflückt"
"Kokoin ruusun yhdelle tyttärestäni"
„Sie bat mich, ihr eine Rose mitzubringen"
"hän pyysi minua tuomaan hänelle ruusun"
„Ich bin nicht euer Herr, sondern ein Tier", antwortete das Monster
"En ole herrasi, mutta olen peto", vastasi hirviö
„Ich mag keine Komplimente"
"En pidä kohteliaisuuksista"
„Ich mag Menschen, die so sprechen, wie sie denken"
"Pidän ihmisistä, jotka puhuvat niin kuin ajattelevat"
„glauben Sie nicht, dass ich durch Schmeicheleien bewegt werden kann"
"älä kuvittele, että imartelu voi liikuttaa minua"

„Aber Sie sagen, Sie haben Töchter"
"Mutta sinä sanot, että sinulla on tyttäriä"
„Ich werde dir unter einer Bedingung vergeben"
"Annan sinulle anteeksi yhdellä ehdolla"
„Eine deiner Töchter muss freiwillig in meinen Palast kommen"
"Yksi tyttäreistäsi täytyy tulla palatsiini mielellään"
"und sie muss für dich leiden"
"ja hänen täytyy kärsiä puolestasi"
„Gib mir Dein Wort"
"Anna minun sanoa sanasi"
„Und dann können Sie Ihren Geschäften nachgehen"
"ja sitten voit hoitaa asioitasi"
„Versprich mir das:"
"Lupaa minulle tämä:"
„Wenn Ihre Tochter sich weigert, für Sie zu sterben, müssen Sie innerhalb von drei Monaten zurückkehren"
"Jos tyttäresi kieltäytyy kuolemasta puolestasi, sinun on palattava kolmen kuukauden kuluessa"
der Kaufmann hatte nicht die Absicht, seine Töchter zu opfern
kauppiaalla ei ollut aikomusta uhrata tyttäriään
aber da ihm Zeit gegeben wurde, wollte er seine Töchter noch einmal sehen
mutta koska hänelle oli annettu aikaa, hän halusi nähdä tyttärensä vielä kerran
also versprach er, dass er zurückkehren würde
joten hän lupasi palata
und das Tier sagte ihm, er könne aufbrechen, wann er wolle
ja peto sanoi hänelle, että hän voisi lähteä liikkeelle, kun hän haluaa
und das Tier erzählte ihm noch etwas
ja peto kertoi hänelle vielä yhden asian
„Du sollst nicht mit leeren Händen gehen"
"älä lähde tyhjin käsin"
„Geh zurück in das Zimmer, in dem du lagst"

"Mene takaisin huoneeseen, jossa makasit"
„Sie werden eine große leere Schatzkiste sehen"
"näet suuren tyhjän aarrearkun"
„Fülle die Schatzkiste mit allem, was Dir am besten gefällt"
"täytä aarrearkku millä tahansa parhaalla tavalla"
„und ich werde die Schatzkiste zu Dir nach Hause schicken"
"ja minä lähetän aarrearkun kotiisi"
und gleichzeitig zog sich das Tier zurück
ja samalla peto vetäytyi
„Nun", sagte sich der gute Mann
"No", sanoi hyvä mies itselleen
„Wenn ich sterben muss, werde ich meinen Kindern wenigstens etwas hinterlassen"
"Jos minun on kuoltava, jätän ainakin jotain lapsilleni"
so kehrte er ins Schlafzimmer zurück
niin hän palasi makuuhuoneeseen
und er fand sehr viele Goldstücke
ja hän löysi paljon kultahiukkasia
er füllte die Schatzkiste, die das Tier erwähnt hatte
hän täytti pedon mainitseman aarrearkun
und er holte sein Pferd aus dem Stall
ja hän vei hevosensa tallista
die Freude, die er beim Betreten des Palastes empfand, war nun genauso groß wie die Trauer, die er beim Verlassen des Palastes empfand
ilo, jonka hän tunsi astuessaan palatsiin, oli nyt yhtä suuri kuin suru, jonka hän tunsi sieltä poistuessaan
Das Pferd nahm einen der Wege im Wald
hevonen kulki yhdellä metsän teistä
und in wenigen Stunden war der gute Mann zu Hause
ja muutaman tunnin kuluttua hyvä mies oli kotona
seine Kinder kamen zu ihm
hänen lapsensa tulivat hänen luokseen
aber anstatt ihre Umarmungen mit Freude entgegenzunehmen, sah er sie an
mutta sen sijaan, että hän olisi vastaanottanut heidän

syleilynsä ilolla, hän katsoi heitä
er hielt den Ast hoch, den er in den Händen hielt
hän kohotti oksaa, joka hänellä oli käsissään
und dann brach er in Tränen aus
ja sitten hän purskahti itkuun
„Schönheit", sagte er, „nimm bitte diese Rosen"
"Kauneus", hän sanoi, "ottakaa nämä ruusut"
„Sie können nicht wissen, wie teuer diese Rosen waren"
"et voi tietää kuinka kalliita nämä ruusut ovat olleet"
„Diese Rosen haben deinen Vater das Leben gekostet"
"nämä ruusut ovat maksaneet isällesi hänen henkensä"
und dann erzählte er von seinem tödlichen Abenteuer
ja sitten hän kertoi kohtalokkaasta seikkailustaan
Sofort schrien die beiden ältesten Schwestern
heti kaksi vanhinta sisarta huusivat
und sie sagten viele gemeine Dinge zu ihrer schönen Schwester
ja he sanoivat monia ilkeitä asioita kauniille siskolleen
aber die Schönheit weinte überhaupt nicht
mutta kauneus ei itkenyt ollenkaan
„Seht euch den Stolz dieses kleinen Schurken an", sagten sie
"Katsokaa tuon pienen kurjan ylpeyttä", he sanoivat
„Sie hat nicht nach schönen Kleidern gefragt"
"hän ei pyytänyt hienoja vaatteita"
„Sie hätte tun sollen, was wir getan haben"
"hänen olisi pitänyt tehdä mitä me teimme"
„Sie wollte sich hervortun"
"hän halusi erottua"
„so wird sie nun den Tod unseres Vaters bedeuten"
"niin nyt hän on isämme kuolema"
„und doch vergießt sie keine Träne"
"ja silti hän ei vuodata kyyneletttä"
"Warum sollte ich weinen?", antwortete die Schönheit
"Miksi minun pitäisi itkeä?" vastasi kaunotar
„Weinen wäre völlig unnötig"

"itkeminen olisi turhaa"
„Mein Vater wird nicht für mich leiden"
"isäni ei kärsi puolestani"
„Das Monster wird eine seiner Töchter akzeptieren"
"hirviö hyväksyy yhden tyttärestään"
„Ich werde mich seiner ganzen Wut aussetzen"
"Annan itseni kaikelle hänen raivolleen"
„Ich bin sehr glücklich, denn mein Tod wird das Leben meines Vaters retten"
"Olen hyvin onnellinen, koska kuolemani pelastaa isäni hengen"
„Mein Tod wird ein Beweis meiner Liebe sein"
"Kuolemani on todiste rakkaudestani"
„Nein, Schwester", sagten ihre drei Brüder
"Ei, sisko", sanoi hänen kolme veljeään
„das darf nicht sein"
"se ei tule olemaan"
„Wir werden das Monster finden"
"Me lähdemme etsimään hirviötä"
"und entweder wir werden ihn töten..."
"ja joko tapamme hänet..."
„... oder wir werden bei dem Versuch umkommen"
"...tai me tuhoudumme yrityksessä"
„Stellt euch nichts dergleichen vor, meine Söhne", sagte der Kaufmann
"Älkää kuvitelko mitään sellaista, poikani", sanoi kauppias
„Die Kraft des Biests ist so groß, dass ich keine Hoffnung habe, dass Ihr es besiegen könntet."
"pedon voima on niin suuri, että minulla ei ole toivoa, että voisit voittaa hänet"
„Ich bin entzückt von dem freundlichen und großzügigen Angebot der Schönheit"
"Olen ihastunut kauneuden ystävälliseen ja anteliaan tarjoukseen"
„aber ich kann ihre Großzügigkeit nicht annehmen"
"mutta en voi hyväksyä hänen anteliaisuuttaan"

„Ich bin alt und habe nicht mehr lange zu leben"
"Olen vanha, eikä minulla ole enää kauan elinaikaa"
„also kann ich nur ein paar Jahre verlieren"
"joten voin menettää vain muutaman vuoden"
„Zeit, die ich für euch bereue, meine lieben Kinder"
"aika, jota kadun teidän puolestanne, rakkaat lapseni"
„Aber Vater", sagte die Schönheit
"Mutta isä", sanoi kaunotar
„Du sollst nicht ohne mich in den Palast gehen"
"et mene palatsiin ilman minua"
„Du kannst mich nicht davon abhalten, dir zu folgen"
"et voi estää minua seuraamasta sinua"
nichts könnte Schönheit vom Gegenteil überzeugen
mikään ei voisi vakuuttaa kauneutta toisin
Sie bestand darauf, in den schönen Palast zu gehen
hän vaati menevänsä hienoon palatsiin
und ihre Schwestern waren erfreut über ihre Beharrlichkeit
ja hänen sisarensa olivat iloisia hänen vaatimuksestaan
Der Kaufmann war besorgt bei dem Gedanken, seine Tochter zu verlieren
Kauppias oli huolissaan ajatuksesta, että hän menettäisi tyttärensä
er war so besorgt, dass er die Truhe voller Gold vergessen hatte
hän oli niin huolissaan, että hän oli unohtanut arkun, joka oli täynnä kultaa
Abends begab er sich zur Ruhe und schloss die Tür seines Zimmers.
yöllä hän vetäytyi lepäämään ja sulki kammionsa oven
Dann fand er zu seinem großen Erstaunen den Schatz neben seinem Bett.
sitten hän suureksi hämmästyksekseen löysi aarteen vuoteensa vierestä
er war entschlossen, es seinen Kindern nicht zu erzählen
hän oli päättänyt olla kertomatta lapsilleen
Wenn sie es gewusst hätten, wären sie in die Stadt

zurückgekehrt
jos he olisivat tienneet, he olisivat halunneet palata kaupunkiin
und er war entschlossen, das Land nicht zu verlassen
ja hän päätti olla lähtemättä maaseudulta
aber er vertraute der Schönheit das Geheimnis
mutta hän luotti salaisuuden kauneuteen
Sie teilte ihm mit, dass zwei Herren gekommen seien
hän ilmoitti hänelle, että kaksi herraa oli saapunut
und sie machten ihren Schwestern einen Heiratsantrag
ja he tekivät ehdotuksia hänen sisarilleen
Sie bat ihren Vater, ihrer Heirat zuzustimmen
hän pyysi isäänsä suostumaan heidän avioliittoonsa
und sie bat ihn, ihnen etwas von seinem Vermögen zu geben
ja hän pyysi häntä antamaan heille osan omaisuudestaan
sie hatte ihnen bereits vergeben
hän oli jo antanut heille anteeksi
Die bösen Kreaturen rieben ihre Augen mit Zwiebeln
pahat olennot hieroivat silmiään sipulilla
um beim Abschied von der Schwester ein paar Tränen zu vergießen
pakottaakseen kyyneleitä, kun he erosivat sisarensa kanssa
aber ihre Brüder waren wirklich besorgt
mutta hänen veljensä olivat todella huolissaan
Schönheit war die einzige, die keine Tränen vergoss
kaunotar oli ainoa, joka ei vuodattanut kyyneleitä
sie wollte ihr Unbehagen nicht vergrößern
hän ei halunnut lisätä heidän levottomuuttaan
Das Pferd nahm den direkten Weg zum Palast
hevonen kulki suoraa tietä palatsiin
und gegen Abend sahen sie den erleuchteten Palast
ja illalla he näkivät valaistun palatsin
das Pferd begab sich wieder in den Stall
hevonen vei itsensä taas talliin
und der gute Mann und seine Tochter gingen in die große

Halle
ja hyvä mies ja hänen tyttärensä menivät suureen saliin
hier fanden sie einen herrlich gedeckten Tisch
täältä he löysivät pöydän, joka oli upeasti katettu
der Kaufmann hatte keinen Appetit zu essen
kauppiaalla ei ollut ruokahalua
aber die Schönheit bemühte sich, fröhlich zu erscheinen
mutta kauneus yritti näyttää iloiselta
sie setzte sich an den Tisch und half ihrem Vater
hän istui pöytään ja auttoi isäänsä
aber sie dachte auch bei sich:
mutta hän ajatteli myös itsekseen:
„Das Biest will mich sicher mästen, bevor es mich frisst"
"Peto haluaa varmasti lihottaa minut ennen kuin syö minut"
„deshalb sorgt er für so viel Unterhaltung"
"Siksi hän tarjoaa niin runsasta viihdettä"
Nachdem sie gegessen hatten, hörten sie ein großes Geräusch
syötyään he kuulivat suurta melua
und der Kaufmann verabschiedete sich mit Tränen in den Augen von seinem unglücklichen Kind
ja kauppias jätti onnettoman lapsensa hyvästit kyyneleet silmissään
weil er wusste, dass das Biest kommen würde
koska hän tiesi, että peto oli tulossa
Die Schönheit war entsetzt über seine schreckliche Gestalt
kaunotar oli kauhuissaan hänen kauheasta muodostaan
aber sie nahm ihren Mut zusammen, so gut sie konnte
mutta hän uskalsi niin hyvin kuin pystyi
und das Monster fragte sie, ob sie freiwillig mitkäme
ja hirviö kysyi häneltä tuliko hän mielellään
"ja, ich bin freiwillig gekommen", sagte sie zitternd
"Kyllä, olen tullut mielelläni", hän sanoi vapisten
Das Tier antwortete: „Du bist sehr gut"
peto vastasi: "Olet erittäin hyvä"
„und ich bin Ihnen zu großem Dank verpflichtet, ehrlicher

Mann"
"Ja olen erittäin kiitollinen sinulle, rehellinen mies"
„Geht morgen früh eure Wege"
"menkää tiesi huomisaamuna"
„aber denk nie daran, wieder hierher zu kommen"
"mutta älä koskaan ajattele tulla tänne enää"
„Lebe wohl, Schönheit, lebe wohl, Biest", antwortete er
"Hyvästi kaunotar, jäähyväiset peto", hän vastasi
und sofort zog sich das Monster zurück
ja heti hirviö vetäytyi
"Oh, Tochter", sagte der Kaufmann
"Voi tytär", sanoi kauppias
und er umarmte seine Tochter noch einmal
ja hän syleili tytärtään vielä kerran
„Ich habe fast Todesangst"
"Olen melkein kuoliaaksi peloissani"
„glauben Sie mir, Sie sollten lieber zurückgehen"
"Usko minua, sinun on parempi mennä takaisin"
„Lass mich hier bleiben, statt dir"
"Anna minun jäädä tänne sinun sijaansi"
„Nein, Vater", sagte die Schönheit entschlossen
"Ei, isä", sanoi kaunotar päättäväisellä äänellä
„Du sollst morgen früh aufbrechen"
"Sinä lähdet huomenna aamulla"
„überlasse mich der Obhut und dem Schutz der Vorsehung"
"jätä minut huolenpidon huoleksi ja suojelukseksi"
trotzdem gingen sie zu Bett
siitä huolimatta he menivät nukkumaan
Sie dachten, sie würden die ganze Nacht kein Auge zutun
he luulivat, etteivät he sulkeisi silmiään koko yönä
aber als sie sich hinlegten, schliefen sie ein
mutta nukkuessaan he nukkuivat
Die Schönheit träumte, eine schöne Dame kam und sagte zu ihr:
kaunotar näki unta, hieno nainen tuli ja sanoi hänelle:
„Ich bin zufrieden, Schönheit, mit deinem guten Willen"

"Olen tyytyväinen, kauneus, hyvään tahtoonne"
„Diese gute Tat von Ihnen wird nicht unbelohnt bleiben"
"tämä hyvä tekosi ei jää palkitsematta"
Die Schöne erwachte und erzählte ihrem Vater ihren Traum
kaunotar heräsi ja kertoi isälleen unestaan
der Traum tröstete ihn ein wenig
unelma lohdutti häntä hieman
aber er konnte nicht anders, als bitterlich zu weinen, als er ging
mutta hän ei voinut olla itkemättä katkerasti lähteessään
Sobald er weg war, setzte sich Schönheit in die große Halle und weinte ebenfalls
heti kun hän oli poissa, kauneus istui suuressa salissa ja myös itki
aber sie beschloss, sich keine Sorgen zu machen
mutta hän päätti olla levoton
Sie beschloss, in der kurzen Zeit, die ihr noch zu leben blieb, stark zu sein
hän päätti olla vahva sen pienen ajan, joka hänellä oli jäljellä elääkseen
weil sie fest davon überzeugt war, dass das Biest sie fressen würde
koska hän uskoi lujasti, että peto syö hänet
Sie dachte jedoch, sie könnte genauso gut den Palast erkunden
hän kuitenkin ajatteli, että hän voisi yhtä hyvin tutustua palatsiin
und sie wollte das schöne Schloss besichtigen
ja hän halusi katsella hienoa linnaa
ein Schloss, das sie bewundern musste
linna, jota hän ei voinut olla ihailematta
Es war ein wunderbar angenehmer Palast
se oli ilahduttavan miellyttävä palatsi
und sie war äußerst überrascht, als sie eine Tür sah
ja hän oli erittäin yllättynyt nähdessään oven
und über der Tür stand, dass es ihr Zimmer sei

ja oven yli oli kirjoitettu, että se oli hänen huoneensa
sie öffnete hastig die Tür
hän avasi oven hätäisesti
und sie war ganz geblendet von der Pracht des Raumes
ja hän oli aivan hämmentynyt huoneen loistosta
was ihre Aufmerksamkeit vor allem auf sich zog, war eine große Bibliothek
pääasiallisesti hänen huomionsa kiinnitti suuri kirjasto
ein Cembalo und mehrere Notenbücher
cembalo ja useita musiikkikirjoja
„Nun", sagte sie zu sich selbst
"No", hän sanoi itselleen
„Ich sehe, das Biest wird meine Zeit nicht verstreichen lassen"
"Näen, että peto ei anna aikani roikkua raskaana"
dann dachte sie über ihre Situation nach
sitten hän pohti itsekseen tilannettaan
„Wenn ich einen Tag bleiben sollte, wäre das alles nicht hier"
"Jos minun olisi tarkoitus jäädä päiväksi, tämä kaikki ei olisi täällä"
diese Überlegung gab ihr neuen Mut
tämä harkinta inspiroi häntä uutta rohkeutta
und sie nahm ein Buch aus ihrer neuen Bibliothek
ja hän otti kirjan uudesta kirjastostaan
und sie las diese Worte in goldenen Buchstaben:
ja hän luki nämä sanat kultaisin kirjaimin:
„Begrüße Schönheit, vertreibe die Angst"
"Tervetuloa kauneus, karkota pelko"
„Du bist hier Königin und Herrin"
"Olet kuningatar ja rakastajatar täällä"
„Sprich deine Wünsche aus, sprich deinen Willen aus"
"Puhu toiveesi, sano tahtosi"
„Schneller Gehorsam begegnet hier Ihren Wünschen"
"Nopea tottelevaisuus täyttää toiveesi täällä"
"Ach", sagte sie mit einem Seufzer

"Voi", sanoi hän huokaisten
„Am meisten wünsche ich mir, meinen armen Vater zu sehen"
"Ennen kaikkea haluan nähdä köyhän isäni"
„und ich würde gerne wissen, was er tut"
"ja haluaisin tietää mitä hän tekee"
Kaum hatte sie das gesagt, bemerkte sie den Spiegel
Heti kun hän oli sanonut tämän, hän huomasi peilin
zu ihrem großen Erstaunen sah sie ihr eigenes Zuhause im Spiegel
suureksi hämmästyksekseen hän näki oman kotinsa peilistä
Ihr Vater kam emotional erschöpft an
hänen isänsä saapui emotionaalisesti uupuneena
Ihre Schwestern gingen ihm entgegen
hänen sisarensa menivät tapaamaan häntä
trotz ihrer Versuche, traurig zu wirken, war ihre Freude sichtbar
huolimatta heidän yrityksistään näyttää surullisilta, heidän ilonsa oli näkyvää
einen Moment später war alles verschwunden
hetken kuluttua kaikki katosi
und auch die Befürchtungen der Schönheit verschwanden
ja kauneuden pelko katosi myös
denn sie wusste, dass sie dem Tier vertrauen konnte
sillä hän tiesi voivansa luottaa petoon
Mittags fand sie das Abendessen fertig
Keskipäivällä hän löysi illallisen valmiina
sie setzte sich an den Tisch
hän istuutui pöytään
und sie wurde mit einem Musikkonzert unterhalten
ja häntä viihdytettiin musiikkikonsertilla
obwohl sie niemanden sehen konnte
vaikka hän ei nähnyt ketään
abends setzte sie sich wieder zum Abendessen
yöllä hän istui taas illalliselle
diesmal hörte sie das Geräusch, das das Tier machte

tällä kertaa hän kuuli melun, jota peto teki
und sie konnte nicht anders, als Angst zu haben
eikä hän voinut olla peloissaan
"Schönheit", sagte das Monster
"kauneus", sanoi hirviö
"erlaubst du mir, mit dir zu essen?"
"sallitko minun syödä kanssasi?"
"Mach, was du willst", antwortete die Schönheit zitternd
"Tee mitä tahdot", kaunotar vastasi vapisten
„Nein", antwortete das Tier
"Ei", vastasi peto
„Du allein bist hier die Herrin"
"Sinä yksin olet rakastajatar täällä"
„Sie können mich wegschicken, wenn ich Ärger mache"
"Voit lähettää minut pois, jos olen hankala"
„schick mich fort, und ich werde mich sofort zurückziehen"
"lähetä minut pois niin vetäydyn välittömästi"
„Aber sagen Sie mir: Finden Sie mich nicht sehr hässlich?"
"Mutta, kerro minulle; enkö sinun mielestäsi ole kovin ruma?"
„Das stimmt", sagte die Schönheit
"Se on totta", sanoi kaunotar
„Ich kann nicht lügen"
"En voi valehdella"
„aber ich glaube, Sie sind sehr gutmütig"
"mutta uskon, että olet erittäin hyväluonteinen"
„Das bin ich tatsächlich", sagte das Monster
"Olen todellakin", sanoi hirviö
„Aber abgesehen von meiner Hässlichkeit habe ich auch keinen Verstand"
"Mutta rumuudeni lisäksi minulla ei ole myöskään järkeä"
„Ich weiß sehr wohl, dass ich ein dummes Wesen bin"
"Tiedän erittäin hyvin, että olen typerä olento"
„Es ist kein Zeichen von Torheit, so zu denken", antwortete die Schönheit
"Ei ole hulluuden merkki ajatella niin", vastasi kaunotar
„Dann iss, Schönheit", sagte das Monster

"Syö sitten, kaunotar", sanoi hirviö
„Versuchen Sie, sich in Ihrem Palast zu amüsieren"
"yritä viihdyttää itseäsi palatsissasi"
"alles hier gehört dir"
"kaikki täällä on sinun"
„Und ich wäre sehr unruhig, wenn Sie nicht glücklich wären"
"ja olisin hyvin levoton, jos et olisi onnellinen"
„Sie sind sehr zuvorkommend", antwortete die Schönheit
"Olet erittäin kohtelias", vastasi kaunotar
„Ich gebe zu, ich freue mich über Ihre Freundlichkeit"
"Myönnän, että olen iloinen ystävällisyydestäsi"
„Und wenn ich über deine Freundlichkeit nachdenke, fallen mir deine Missbildungen kaum auf"
"ja kun ajattelen ystävällisyyttäsi, en juurikaan huomaa epämuodostumiasi"
„Ja, ja", sagte das Tier, „mein Herz ist gut
"Kyllä, kyllä", sanoi peto, "sydämeni on hyvä
„Aber obwohl ich gut bin, bin ich immer noch ein Monster"
"mutta vaikka olen hyvä, olen silti hirviö"
„Es gibt viele Männer, die diesen Namen mehr verdienen als Sie."
"On monia miehiä, jotka ansaitsevat sen nimen enemmän kuin sinä"
„und ich bevorzuge dich, so wie du bist"
"ja pidän sinusta parempana sellaisena kuin olet"
„und ich ziehe dich denen vor, die ein undankbares Herz verbergen"
"ja minä pidän sinusta enemmän kuin niistä, jotka kätkevät kiittämättömän sydämen"
„Wenn ich nur etwas Verstand hätte", antwortete das Biest
"Jos minulla vain olisi järkeä", vastasi peto
„Wenn ich vernünftig wäre, würde ich Ihnen als Dank ein schönes Kompliment machen"
"Jos minulla olisi järkeä, tekisin hienon kohteliaisuuden kiittääkseni sinua"

"aber ich bin so langweilig"
"mutta olen niin tylsä"
„Ich kann nur sagen, dass ich Ihnen zu großem Dank verpflichtet bin"
"Voin vain sanoa, että olen erittäin kiitollinen sinulle"
Schönheit aß ein herzhaftes Abendessen
kaunotar söi runsaan illallisen
und sie hatte ihre Angst vor dem Monster fast überwunden
ja hän oli melkein voittanut pelkonsa hirviötä kohtaan
aber sie wollte ohnmächtig werden, als das Biest ihr die nächste Frage stellte
mutta hän halusi pyörtyä, kun peto kysyi häneltä seuraavan kysymyksen
"Schönheit, willst du meine Frau werden?"
"Kaunotar, tuletko vaimokseni?"
es dauerte eine Weile, bis sie antworten konnte
hän kesti jonkin aikaa ennen kuin ehti vastata
weil sie Angst hatte, ihn wütend zu machen
koska hän pelkäsi saada hänet vihaiseksi
Schließlich sagte sie jedoch "nein, Biest"
Lopulta hän kuitenkin sanoi "ei, peto"
sofort zischte das arme Monster ganz fürchterlich
heti köyhä hirviö sihisi hyvin pelokkaasti
und der ganze Palast hallte
ja koko palatsi kaikui
aber die Schönheit erholte sich bald von ihrem Schrecken
mutta kauneus toipui pian pelostaan
denn das Tier sprach wieder mit trauriger Stimme
koska peto puhui taas surullisella äänellä
„Dann leb wohl, Schönheit"
"Sitten hyvästi, kaunotar"
und er drehte sich nur ab und zu um
ja hän kääntyi vain silloin tällöin
um sie anzusehen, als er hinausging
katsomaan häntä hänen lähtiessään ulos
jetzt war die Schönheit wieder allein

nyt kauneus oli taas yksin
Sie empfand großes Mitgefühl
hän tunsi suurta myötätuntoa
„Ach, es ist tausendmal schade"
"Voi, se on tuhat sääli"
„Etwas, das so gutmütig ist, sollte nicht so hässlich sein"
"mikään niin hyvälaatuinen ei saa olla niin rumaa"
Schönheit verbrachte drei Monate sehr zufrieden im Palast
kaunotar vietti kolme kuukautta erittäin tyytyväisenä palatsissa
jeden Abend stattete ihr das Biest einen Besuch ab
joka ilta peto kävi hänen luonaan
und sie redeten beim Abendessen
ja he puhuivat illallisen aikana
Sie sprachen mit gesundem Menschenverstand
he puhuivat terveellä järjellä
aber sie sprachen nicht mit dem, was man als geistreich bezeichnet
mutta he eivät puhuneet sillä, mitä ihmiset kutsuvat nokkelaksi
Schönheit entdeckte immer einen wertvollen Charakter im Biest
kaunotar löysi aina jonkin arvokkaan hahmon pedosta
und sie hatte sich an seine Missbildung gewöhnt
ja hän oli tottunut hänen epämuodostumaansa
sie fürchtete sich nicht mehr vor seinem Besuch
hän ei enää pelännyt hänen vierailunsa aikaa
jetzt schaute sie oft auf die Uhr
nyt hän katsoi usein kelloaan
und sie konnte es kaum erwarten, bis es neun Uhr war
ja hän ei malttanut odottaa, että kello olisi yhdeksän
denn das Tier kam immer zu dieser Stunde
koska peto ei koskaan jäänyt tulematta tuohon aikaan
Es gab nur eine Sache, die Schönheit betraf
oli vain yksi asia, joka koski kauneutta
jeden Abend, bevor sie ins Bett ging, stellte ihr das Biest die

gleiche Frage
joka ilta ennen kuin hän meni nukkumaan, peto kysyi häneltä saman kysymyksen
Das Monster fragte sie, ob sie seine Frau werden wolle
hirviö kysyi häneltä, olisiko hän hänen vaimonsa
Eines Tages sagte sie zu ihm: „Biest, du machst mir große Sorgen."
eräänä päivänä hän sanoi hänelle: "Peto, teet minut hyvin levottomaksi"
„Ich wünschte, ich könnte einwilligen, dich zu heiraten"
"Toivon, että voisin suostua naimisiin kanssasi"
„Aber ich bin zu aufrichtig, um dir zu glauben zu machen, dass ich dich heiraten würde"
"mutta olen liian vilpitön saadakseen sinut uskomaan, että menisin naimisiin kanssasi"
„Unsere Ehe wird nie stattfinden"
"Avioliittomme ei tule koskaan toteutumaan"
„Ich werde dich immer als Freund sehen"
"Näen sinut aina ystävänä"
„Bitte versuchen Sie, damit zufrieden zu sein"
"Yrittäkää olla tyytyväinen tähän"
„Damit muss ich zufrieden sein", sagte das Tier
"Minun täytyy olla tyytyväinen tähän", sanoi peto
„Ich kenne mein eigenes Unglück"
"Tiedän oman onnettomuuteni"
„aber ich liebe dich mit der zärtlichsten Zuneigung"
"mutta rakastan sinua helläimmällä kiintymyksellä "
„Ich sollte mich jedoch als glücklich betrachten"
"Minun pitäisi kuitenkin pitää itseäni onnellisena"
"und ich würde mich freuen, wenn du hier bleibst"
"ja minun pitäisi olla onnellinen, että pysyt täällä"
„versprich mir, mich nie zu verlassen"
"lupaa minulle, ettet koskaan jätä minua"
Schönheit errötete bei diesen Worten
kaunotar punastui näistä sanoista
Eines Tages schaute die Schönheit in ihren Spiegel

eräänä päivänä kaunotar katsoi peiliinsä
ihr Vater hatte sich schreckliche Sorgen um sie gemacht
hänen isänsä oli huolissaan sairaana hänen puolestaan
sie sehnte sich mehr denn je danach, ihn wiederzusehen
hän halusi nähdä hänet uudelleen enemmän kuin koskaan
„**Ich könnte versprechen, dich nie ganz zu verlassen**"
"Voisin luvata, etten koskaan jätä sinua kokonaan"
„**aber ich habe so ein großes Verlangen, meinen Vater zu sehen**"
"mutta minulla on niin suuri halu nähdä isäni"
„**Ich wäre unendlich verärgert, wenn Sie nein sagen würden**"
"Olisin mahdottoman järkyttynyt, jos sanoisit ei"
"**Ich würde lieber selbst sterben**", sagte das Monster
"Minä olisin mieluummin kuollut itse", sanoi hirviö
„**Ich würde lieber sterben, als dir Unbehagen zu bereiten**"
"Kuolen mieluummin kuin saattaisin sinut tuntemaan levottomuutta"
„**Ich werde dich zu deinem Vater schicken**"
"Lähetän sinut isäsi luo"
„**Du sollst bei ihm bleiben**"
"Sinä jäät hänen luokseen"
"**und dieses unglückliche Tier wird stattdessen vor Kummer sterben**"
"ja tämä onneton peto kuolee sen sijaan suruun"
"**Nein**", sagte die Schönheit weinend
"Ei", kaunotar sanoi itkien
„**Ich liebe dich zu sehr, um die Ursache deines Todes zu sein**"
"Rakastan sinua liian paljon ollakseni kuolemasi syy"
„**Ich verspreche Ihnen, in einer Woche wiederzukommen**"
"Annan sinulle lupaukseni palata viikon kuluttua"
„**Du hast mir gezeigt, dass meine Schwestern verheiratet sind**"
"Olet näyttänyt minulle, että sisareni ovat naimisissa"
„**und meine Brüder sind zur Armee gegangen**"

"ja veljeni ovat menneet armeijaan"
"Lass mich eine Woche bei meinem Vater bleiben, da er allein ist"
"Anna minun olla viikon isäni luona, koska hän on yksin"
"Morgen früh wirst du dort sein", sagte das Tier
"Olet siellä huomenna aamulla", sanoi peto
„**Aber denk an dein Versprechen"**
"Mutta muista lupauksesi"
„**Sie brauchen Ihren Ring nur auf den Tisch zu legen, bevor Sie zu Bett gehen."**
"Sinun tarvitsee vain laittaa sormus pöydälle ennen nukkumaanmenoa"
"Und dann werdet ihr vor dem Morgen zurückgebracht"
"ja sitten sinut tuodaan takaisin ennen aamua"
„**Lebe wohl, liebe Schönheit", seufzte das Tier**
"Hyvästi, rakas kaunotar", huokasi peto
Die Schönheit ging an diesem Abend sehr traurig ins Bett
kaunotar meni nukkumaan hyvin surullisena sinä iltana
weil sie das Tier nicht so besorgt sehen wollte
koska hän ei halunnut nähdä petoa niin huolestuneena
am nächsten Morgen fand sie sich im Haus ihres Vaters wieder
seuraavana aamuna hän löysi itsensä isänsä kodista
sie läutete eine kleine Glocke neben ihrem Bett
hän soitti pientä kelloa sänkynsä vieressä
und das Dienstmädchen stieß einen lauten Schrei aus
ja piika huusi kovaa
und ihr Vater rannte nach oben
ja hänen isänsä juoksi yläkertaan
er dachte, er würde vor Freude sterben
hän luuli kuolevansa iloon
er hielt sie eine Viertelstunde lang in seinen Armen
hän piti häntä sylissään neljänneksen tunnin ajan
irgendwann waren die ersten Grüße vorbei
lopulta ensimmäiset terveiset olivat ohi
Schönheit begann daran zu denken, aus dem Bett zu steigen

kaunotar alkoi miettiä sängystä nousemista
aber sie merkte, dass sie keine Kleidung mitgebracht hatte
mutta hän tajusi, ettei ollut tuonut vaatteita
aber das Dienstmädchen sagte ihr, sie habe eine Kiste gefunden
mutta piika kertoi löytäneensä laatikon
der große Koffer war voller Kleider und Kleider
iso tavaratila oli täynnä pukuja ja mekkoja
jedes Kleid war mit Gold und Diamanten bedeckt
jokainen puku oli päällystetty kullalla ja timantilla
Schönheit dankte dem Tier für seine freundliche Pflege
kaunotar kiitti petoa ystävällisestä hoidostaan
und sie nahm eines der schlichtesten Kleider
ja hän otti yhden selkeimmistä mekoista
Die anderen Kleider wollte sie ihren Schwestern schenken
hän aikoi antaa muut mekot sisarilleen
aber bei diesem Gedanken verschwand die Kleidertruhe
mutta siinä ajatuksessa vaatearkku katosi
Das Biest hatte darauf bestanden, dass die Kleidung nur für sie sei
peto oli vaatinut, että vaatteet olivat vain hänelle
ihr Vater sagte ihr, dass dies der Fall sei
hänen isänsä kertoi hänelle, että näin oli
und sofort kam die Kleidertruhe wieder zurück
ja heti vaatteet palasivat takaisin
Schönheit kleidete sich mit ihren neuen Kleidern
kaunotar pukeutui uusiin vaatteisiinsa
und in der Zwischenzeit gingen die Mägde los, um ihre Schwestern zu finden
ja sillä välin piiat menivät etsimään hänen sisaruksiaan
Ihre beiden Schwestern waren mit ihren Ehemännern
molemmat hänen sisarensa olivat miehensä kanssa
aber ihre beiden Schwestern waren sehr unglücklich
mutta molemmat hänen sisarensa olivat hyvin onnettomia
Ihre älteste Schwester hatte einen sehr gutaussehenden Herrn geheiratet

hänen vanhin sisarensa oli naimisissa erittäin komean
herrasmiehen kanssa
**aber er war so selbstgefällig, dass er seine Frau
vernachlässigte**
mutta hän oli niin rakas itseensä, että hän laiminlyö vaimonsa
**Ihre zweite Schwester hatte einen geistreichen Mann
geheiratet**
hänen toinen sisarensa oli mennyt naimisiin nokkelan miehen
kanssa
aber er nutzte seinen Witz, um die Leute zu quälen
mutta hän käytti älykkyyttään ihmisten kiusaamiseen
und am meisten quälte er seine Frau
ja hän kiusasi vaimoaan eniten
**Die Schwestern der Schönheit sahen sie wie eine Prinzessin
gekleidet**
kauneuden sisaret näkivät hänet pukeutuneena kuin prinsessa
und sie waren krank vor Neid
ja he saivat kateudesta
jetzt war sie schöner als je zuvor
nyt hän oli kauniimpi kuin koskaan
**ihr liebevolles Verhalten konnte ihre Eifersucht nicht
unterdrücken**
hänen hellä käytöksensä ei voinut tukahduttaa heidän
mustasukkaisuuttaan
Sie erzählte ihnen, wie glücklich sie mit dem Tier war
hän kertoi heille kuinka onnellinen hän oli pedon kanssa
und ihre Eifersucht war kurz vor dem Platzen
ja heidän kateutensa oli valmis puhkeamaan
Sie gingen in den Garten, um über ihr Unglück zu weinen
He menivät alas puutarhaan itkemään epäonneaan
„Inwiefern ist dieses kleine Geschöpf besser als wir?"
"Millä tavalla tämä pieni olento on meitä parempi?"
„Warum sollte sie so viel glücklicher sein?"
"Miksi hänen pitäisi olla niin paljon onnellisempi?"
„Schwester", sagte die ältere Schwester
"Sisko", sanoi vanhempi sisko

„Mir ist gerade ein Gedanke gekommen"
"Ajatus iski mieleeni"
„Versuchen wir, sie länger als eine Woche hier zu behalten"
"Yritetään pitää hänet täällä yli viikon"
„Vielleicht macht das das dumme Monster wütend"
"ehkä tämä raivoaa typerän hirviön"
„weil sie ihr Wort gebrochen hätte"
"koska hän olisi rikkonut sanansa"
"und dann könnte er sie verschlingen"
"ja sitten hän saattaa niellä hänet"
"Das ist eine tolle Idee", antwortete die andere Schwester
"Se on hieno idea", vastasi toinen sisko
„Wir müssen ihr so viel Freundlichkeit wie möglich entgegenbringen"
"Meidän täytyy osoittaa hänelle niin paljon ystävällisyyttä kuin mahdollista"
Die Schwestern fassten den Entschluss
sisaret tekivät tämän päätöksensä
und sie verhielten sich sehr liebevoll gegenüber ihrer Schwester
ja he käyttäytyivät hyvin hellästi siskoaan kohtaan
Die arme Schönheit weinte vor Freude über all ihre Freundlichkeit
köyhä kaunotar itki ilosta kaikesta heidän ystävällisyydestään
Als die Woche um war, weinten sie und rauften sich die Haare
kun viikko oli kulunut umpeen, he itkivät ja repivät hiuksiaan
es schien ihnen so leid zu tun, sich von ihr zu trennen
he näyttivät niin pahoilta erota hänestä
und die Schönheit versprach, noch eine Woche länger zu bleiben
ja kauneus lupasi viipyä viikon pidempään
In der Zwischenzeit konnte die Schönheit nicht umhin, über sich selbst nachzudenken
Sillä välin kauneus ei voinut olla pohtimatta itseään
sie machte sich Sorgen darüber, was sie dem armen Tier

antat
hän oli huolissaan siitä, mitä hän teki pedolle
Sie wusste, dass sie ihn aufrichtig liebte
hän tietää rakastavansa häntä vilpittömästi
und sie sehnte sich wirklich danach, ihn wiederzusehen
ja hän todella halusi nähdä hänet uudelleen
Auch die zehnte Nacht verbrachte sie bei ihrem Vater
kymmenennen yön hän vietti myös isänsä luona
sie träumte, sie sei im Schlossgarten
hän unelmoi olevansa palatsin puutarhassa
und sie träumte, sie sähe das Tier ausgestreckt im Gras liegen
ja hän näki unta näkevänsä pedon ruoholla
er schien ihr mit sterbender Stimme Vorwürfe zu machen
hän näytti moittelevan häntä kuolevalla äänellä
und er warf ihr Undankbarkeit vor
ja hän syytti häntä kiittämättömyydestä
Schönheit erwachte aus ihrem Schlaf
kaunotar heräsi unestaan
und sie brach in Tränen aus
ja hän purskahti itkuun
„Bin ich nicht sehr böse?"
"Enkö ole kovin ilkeä?"
„War es nicht grausam von mir, so unfreundlich gegenüber dem Tier zu sein?"
"Eikö ollut julmaa, että toimin niin epäystävällisesti pedolle?"
„Das Biest hat alles getan, um mir zu gefallen"
"peto teki kaikkensa miellyttääkseen minua"
"Ist es seine Schuld, dass er so hässlich ist?"
"Onko hänen syynsä, että hän on niin ruma?"
„Ist es seine Schuld, dass er so wenig Verstand hat?"
"Onko hänen syynsä, että hänellä on niin vähän järkeä?"
„Er ist freundlich und gut, und das genügt"
"Hän on ystävällinen ja hyvä, ja se riittää"
„Warum habe ich mich geweigert, ihn zu heiraten?"
"Miksi kieltäydyin menemästä hänen kanssaan naimisiin?"

„Ich sollte mit dem Monster glücklich sein"
"Minun pitäisi olla tyytyväinen hirviöön"
„Schau dir die Männer meiner Schwestern an"
"Katsokaa sisarteni aviomiehiä"
„Weder Witz noch Schönheit machen sie gut"
"nokkeluus eikä komeus tee heistä hyviä"
„Keiner ihrer Ehemänner macht sie glücklich"
"kumpikaan heidän aviomiehistään ei tee heitä onnelliseksi"
„sondern Tugend, Sanftmut und Geduld"
"mutta hyve, luonteen suloisuus ja kärsivällisyys"
„Diese Dinge machen eine Frau glücklich"
"nämä asiat tekevät naisen onnelliseksi"
„und das Tier hat all diese wertvollen Eigenschaften"
"ja pedolla on kaikki nämä arvokkaat ominaisuudet"
„es ist wahr, ich empfinde keine Zärtlichkeit und Zuneigung für ihn"
"se on totta; en tunne kiintymyksen hellyyttä häntä kohtaan"
„aber ich empfinde für ihn die allergrößte Dankbarkeit"
"mutta huomaan olevani erittäin kiitollinen hänestä"
„und ich habe die höchste Wertschätzung für ihn"
"ja minä arvostan häntä eniten"
"und er ist mein bester Freund"
"ja hän on paras ystäväni"
„Ich werde ihn nicht unglücklich machen"
"En tee hänestä kurjaa"
„Wenn ich so undankbar wäre, würde ich mir das nie verzeihen"
"Jos olisin niin kiittämätön, en koskaan antaisi itselleni anteeksi"
Schönheit legte ihren Ring auf den Tisch
kaunotar laittoi sormuksensa pöydälle
und sie ging wieder zu Bett
ja hän meni uudestaan nukkumaan
kaum war sie im Bett, da schlief sie ein
tuskin hän oli sängyssä ennen nukahtamistaan
Sie wachte am nächsten Morgen wieder auf

hän heräsi taas seuraavana aamuna
und sie war überglücklich, sich im Palast des Tieres wiederzufinden
ja hän oli äärettömän iloinen löytäessään itsensä pedon palatsista
Sie zog eines ihrer schönsten Kleider an, um ihm zu gefallen
hän puki yhden kauneimmista mekoistaan miellyttääkseen häntä
und sie wartete geduldig auf den Abend
ja hän odotti kärsivällisesti iltaa
kam die ersehnte Stunde
koitti toivottu tunti
die Uhr schlug neun, doch kein Tier erschien
kello löi yhdeksän, mutta petoa ei ilmestynyt
Schönheit befürchtete dann, sie sei die Ursache seines Todes gewesen
kaunotar sitten pelkäsi, että hän oli ollut hänen kuolemansa syy
Sie rannte weinend durch den ganzen Palast
hän juoksi itkien ympäri palatsia
nachdem sie ihn überall gesucht hatte, erinnerte sie sich an ihren Traum
etsittyään häntä kaikkialta, hän muisti unensa
und sie rannte zum Kanal im Garten
ja hän juoksi puutarhassa olevalle kanavalle
Dort fand sie das arme Tier ausgestreckt
sieltä hän löysi köyhän pedon ojennettuna
und sie war sicher, dass sie ihn getötet hatte
ja hän oli varma tappaneensa hänet
sie warf sich ohne Furcht auf ihn
hän heittäytyi hänen kimppuunsa ilman pelkoa
sein Herz schlug noch
hänen sydämensä löi edelleen
sie holte etwas Wasser aus dem Kanal
hän haki vettä kanavasta
und sie goss das Wasser über seinen Kopf

ja hän kaatoi vettä hänen päähänsä
Das Tier öffnete seine Augen und sprach mit der Schönheit
peto avasi silmänsä ja puhui kauneudelle
„Du hast dein Versprechen vergessen"
"Unohdit lupauksesi"
„Es hat mir das Herz gebrochen, dich verloren zu haben"
"Olin niin särkynyt, kun menetin sinut"
„Ich beschloss, zu hungern"
"Päätin nähdä itseni nälkään"
„aber ich habe das Glück, Sie wiederzusehen"
"Mutta minulla on ilo nähdä sinut vielä kerran"
„so habe ich das Vergnügen, zufrieden zu sterben"
"niin minulla on ilo kuolla tyytyväisenä"
„Nein, liebes Tier", sagte die Schönheit, „du darfst nicht sterben"
"Ei, rakas peto", sanoi kaunotar, "et saa kuolla"
„Lebe, um mein Ehemann zu sein"
"Elä ollakseni mieheni"
„Von diesem Augenblick an reiche ich dir meine Hand"
"Tästä hetkestä lähtien annan sinulle käteni"
„und ich schwöre, niemand anderes als Dein zu sein"
"Ja vannon, että olen vain sinun"
„Ach! Ich dachte, ich hätte nur Freundschaft für dich."
"Voi! Luulin, että minulla on vain ystävyys sinua varten"
"aber der Kummer, den ich jetzt fühle, überzeugt mich;"
"mutta suru, jota nyt tunnen, vakuuttaa minut;"
„Ich kann nicht ohne dich leben"
"En voi elää ilman sinua"
Schönheit hatte diese Worte kaum gesagt, als sie ein Licht sah
kauneus tuskin oli sanonut nämä sanat nähdessään valon
der Palast funkelte im Licht
palatsi kimalteli valoa
Feuerwerk erleuchtete den Himmel
ilotulitus valaisi taivaan
und die Luft erfüllt mit Musik

ja ilma täynnä musiikkia
alles kündigte ein großes Ereignis an
kaikki kertoi jostain suuresta tapahtumasta
aber nichts konnte ihre Aufmerksamkeit fesseln
mutta mikään ei voinut kiinnittää hänen huomionsa
sie wandte sich ihrem lieben Tier zu
hän kääntyi rakkaan pedon puoleen
das Tier, vor dem sie vor Angst zitterte
peto , jonka vuoksi hän vapisi pelosta
aber ihre Überraschung über das, was sie sah, war groß!
mutta hänen yllätyksensä oli suuri näkemästään!
das Tier war verschwunden
peto oli kadonnut
stattdessen sah sie den schönsten Prinzen
sen sijaan hän näki ihanimman prinssin
sie hatte den Zauber beendet
hän oli lopettanut loitsun
ein Zauber, unter dem er einem Tier ähnelte
loitsu, jossa hän muistutti petoa
dieser Prinz war all ihre Aufmerksamkeit wert
tämä prinssi oli kaiken huomionsa arvoinen
aber sie konnte nicht anders und musste fragen, wo das Biest war
mutta hän ei voinut olla kysymättä, missä peto oli
„Du siehst ihn zu deinen Füßen", sagte der Prinz
"Näet hänet jaloissasi", sanoi prinssi
„Eine böse Fee hatte mich verdammt"
"Paha keiju oli tuominnut minut"
„Ich sollte diese Gestalt behalten, bis eine wunderschöne Prinzessin einwilligte, mich zu heiraten."
"Minun piti pysyä siinä muodossa, kunnes kaunis prinsessa suostui naimisiin kanssani"
„Die Fee hat mein Verständnis verborgen"
"keiju piilotti ymmärrykseni"
„Du warst der Einzige, der großzügig genug war, um von meiner guten Laune bezaubert zu sein."

"Sinä olit ainoa tarpeeksi antelias ollakseen ihastunut luonteeni hyvyyteen"
Schönheit war angenehm überrascht
kaunotar yllätti iloisesti
und sie gab dem bezaubernden Prinzen ihre Hand
ja hän antoi hurmaavalle prinssille kätensä
Sie gingen zusammen ins Schloss
he menivät yhdessä linnaan
und die Schöne war überglücklich, ihren Vater im Schloss zu finden
ja kauneus oli äärettömän iloinen löydettyään isänsä linnasta
und ihre ganze Familie war auch da
ja koko hänen perheensä oli myös siellä
sogar die schöne Dame, die in ihrem Traum erschienen war, war da
Jopa hänen unessaan ilmestynyt kaunis nainen oli siellä
"Schönheit", sagte die Dame aus dem Traum
"kauneus", sanoi nainen unesta
„**Komm und empfange deine Belohnung"**
"Tule ja vastaanota palkintosi"
„**Sie haben die Tugend dem Witz oder dem Aussehen vorgezogen"**
"Olet mieluummin hyve kuin äly tai ulkonäkö"
„**und Sie verdienen jemanden, in dem diese Eigenschaften vereint sind"**
"ja ansaitset jonkun, jossa nämä ominaisuudet yhdistyvät"
„**Du wirst eine großartige Königin sein"**
"sinusta tulee mahtava kuningatar"
„**Ich hoffe, der Thron wird deine Tugend nicht schmälern"**
"Toivon, että valtaistuin ei vähennä hyvettäsi"
Dann wandte sich die Fee an die beiden Schwestern
sitten keiju kääntyi kahden sisaruksen puoleen
„**Ich habe in eure Herzen geblickt"**
"Olen nähnyt sydämesi sisällä"
„**und ich kenne die ganze Bosheit, die in euren Herzen steckt"**

"ja minä tiedän kaiken pahan, mitä sydämesi sisältää"
„Ihr beide werdet zu Statuen"
"teistä kahdesta tulee patsaita"
„Aber ihr werdet euren Verstand bewahren"
"mutta pidät mielessäsi"
„Du sollst vor den Toren des Palastes deiner Schwester stehen"
"sinun tulee seisoa sisaresi palatsin porteilla"
„Das Glück deiner Schwester soll deine Strafe sein"
"sisaresi onnellisuus on sinun rangaistuksesi"
„Sie werden nicht in Ihren früheren Zustand zurückkehren können"
"et voi palata entisiin valtioihisi"
„es sei denn, Sie beide geben Ihre Fehler zu"
"ellette molemmat tunnusta virheitänne"
„Aber ich sehe voraus, dass ihr immer Statuen bleiben werdet"
"mutta minä oletan, että pysytte aina patsaisina"
„Stolz, Zorn, Völlerei und Faulheit werden manchmal besiegt"
"Ylpeys, viha, ahneus ja joutilaisuus voitetaan joskus"
„aber die Bekehrung neidischer und böswilliger Gemüter sind Wunder"
" mutta kateellisten ja ilkeiden mielien kääntyminen on ihmeitä"
sofort strich die Fee mit ihrem Zauberstab
heti keiju löi sauvallaan
und im nächsten Augenblick waren alle im Saal entrückt
ja hetkessä kaikki salissa olevat kuljetettiin
Sie waren in die Herrschaftsgebiete des Fürsten eingedrungen
he olivat menneet prinssin valtakuntaan
die Untertanen des Prinzen empfingen ihn mit Freude
prinssin alamaiset ottivat hänet iloisesti vastaan
der Priester heiratete die Schöne und das Biest
pappi naimisissa kaunotar ja pedon kanssa

und er lebte viele Jahre mit ihr
ja hän asui hänen kanssaan monta vuotta
und ihr Glück war vollkommen
ja heidän onnensa oli täydellinen
weil ihr Glück auf Tugend beruhte
koska heidän onnensa perustui hyveeseen

Das Ende
Loppu

www.tranzlaty.com

www.ingramcontent.com/pod-product-compliance
Lightning Source LLC
Chambersburg PA
CBHW011552070526
44585CB00023B/2563

9 781805 720089